12th August 1992.

Peter

Joyeux a[illegible] e de

notre part

Piers

LES GRANDES VACANCES

# Doisneau
# Pennac
# Les grandes vacances

hoëbeke

Dépôt légal : octobre 1991
ISBN : 2-905292-42-3

En remerciant Serge Laget,
prince des archivistes,
et Michelle Ignazi,
reine de la documentation.

L'éditeur remercie tout particulièrement
les villages de vacances Touristra
qui l'ont aidé dans l'élaboration
de cet ouvrage.

*Annette, Alice, Francine,*
*c'est pour vous !*
*Et dans le souvenir de l'ami*
*Léo, qui inventa l'été.*

SPALDING

CHARTRES
15H 03
GRANVILLE
DÉPART
GARE DU MAINE
16H 00
16 15

— Doisneau et sa Pierrette avaient imaginé un jeu palpitant : tenir secret l'endroit où on allait passer les vacances. Secret d'Etat pendant toute l'année et jusqu'au bout du voyage. On partait à deux familles et deux voitures ; un seul adulte parmi les quatre connaissait la destination. Celui qui pilotait la deuxième voiture recevait une enveloppe, le jour du départ, dont il devait détruire le contenu après en avoir pris connaissance, comme dans les films. Quand c'était Doisneau le chef de l'expédition, il faisait plusieurs fois le tour des boulevards extérieurs pour que les enfants se demandent jusqu'au bout par quelle porte de Paris ils allaient sortir... Et ça changeait tous les ans. Un jeu qui flanquait Annette et Francine en état d'ébullition permanente. « Où on va, cet été ? » « Allez, quoi... où on va ?...» Doisneau a toujours eu la voix rieuse : « Vers un des points cardinaux. » La marmaille interrogeait, fouillait, traquait l'indice, surveillait les boîtes aux lettres des uns et des autres, rien à faire : les grands poussaient le vice jusqu'à se faire expédier les locations poste restante. Un vrai jeu pour tout le monde — y compris pour la postière du bureau 13 qui clignait de l'œil en tendant le pli ultra-secret sous son guichet : « Et une gentille lettre pour Monsieur Doisneau, une ! C'est bien Robert, votre petit nom ? Alors c'est pour vous : ça vient de Bretagne. » Brave postière-restante, gardienne des amours clandestines; un agent de liaisons, en quelque sorte. Même elle, ça l'amusait !

— Côté destination, chez nous, la question était réglée par ma mère. A cause d'une petite conviction bien à elle : « Il paraît que le travail c'est la santé ? Je dis, moi, que la santé c'est les vacances ! »

— C'était plus maternel, comme devise.

— Sauf qu'elle prenait l'expression au pied de la lettre. Il fallait absolument qu'on se soigne pendant les vacances. Si l'un de nous chopait une crise de foie en décembre, on se retrouvait tous à Vichy en juillet, avec un gobelet autour du cou.

— Ou à La Bourboule si Geneviève faisait son angine à répétition.

— Oui, la Bourboule pour les bronches de Geneviève, Saint-Nectaire pour les reins de Bertrand, Salies-de-Béarn quand David nous a fait sa crise de croissance... « Très bon pour les osses, Salies-de-Béarn, c'est *Science et Vie* qui vous le dit ! »

— Alors, ce qui devait arriver arriva : on s'est mis à *inventer nos maladies*, à planifier le virus, à s'arranger des petites épidémies familiales en fonction des destinations souhaitées. On avait mis le docteur Bréard dans notre poche, et voilà qu'une année, au beau milieu du mois de juin, l'ami-toubib nous trouve à tous une anémie carabinée. Pâles, mous, tout rampants, sans appétit, semi-morts, on était. Diagnostic : « Lymphatisme, madame, oui, votre mari aussi, complètement lymphatique, et vos enfants, lymphatiques à n'y pas croire, terriblement anémiés, au bord de la dépression... les fatigues de l'année scolaire sans doute... »

— Destination : Biarritz !

— En plein dans le mille. Exactement là où on avait décidé d'aller planter notre tente ! A l'époque, c'était la grande mode, Biarritz. Et tous à l'assaut du train de Biarritz ! avec nos valises, notre matériel de camping, nos bouées et nos filets à crevettes. On embarquait même nos vélos et le tandem des parents. Troisième classe et 30% de réduc ! Le " billet Lagrange ", un acquis du Front Popu, 3 août 36, la vraie fête nationale pour maman.

— Notre destination à nous, c'était grand-mère ! Immuable. La France du nord au sud et grand-mère ! Le père, la mère, le chien, les quatre enfants dans l'aronde, la pyramide de Kheops sur la galerie, le canoë derrière, quarante-huit heures de Nationale 7, et grand-mère ! Comme toutes les grand-mères elle passait l'année à nous espérer, mais le premier mot qu'elle nous disait à l'arrivée,

LIBRE
14 48 HL 75

VOITURE 28

c'était plus fort qu'elle : « Les enfants, cette année, pas de bêtises, hein ! » Ça flanquait mon frère aîné dans des rognes profondes, cet accueil. Une année, il se retourne tout d'une pièce pour beugler à l'injustice, comme quoi nous étions toujours très sages, jamais de conneries, rien à nous reprocher, mais, dans son demi-tour, sa force de conviction projette sa valise à travers la porte vitrée du couloir. Pendant qu'il pelletait le désastre, Victor et Anita avaient entrepris de ranger le canoë sous la véranda, et voilà que dans le virage de l'escalier, le cul du canoë...

— C'était une périssoire.

— ... le cul de la périssoire heurte le ventre d'une jarre. La jarre se met à tourner sur son axe, avec une certaine majesté, il faut dire, c'était une jarre ventrue, séculaire, une jarre " de famille ", des générations de géraniums, la prunelle provençale des yeux de grand-mère, mais qui n'en tourne pas moins sur son axe, et tout le monde terrifié de s'écrier en rythme : " La jarre ! la jarre ! ", les deux autres cloués sur place avec leur canoë sur le dos...

— Leur périssoire...

— ... avec leur périssoire qui bouche le passage, et la jarre fignolant son départ, tirant majestueusement sa révérence à tout le monde ... « La jarre ! la jarre !... »

— Très stoïque, grand-mère, devant le cadavre de la jarre... Elle a sorti une boîte d'allumettes de son tablier, elle me l'a tendue, à moi, le plus petit de la bande, et elle a dit : « Sois gentil, Olivier, va mettre le feu à la maison, ça m'ôtera un gros souci. »

*Gloire à vous, Léo Lagrange, à qui nous devons nos vacances, gloire à vous, tous les squares vous le diront ! Et les stades, et les C.E.S et les piscines qui portent votre nom, sans parler des avenues ... tous ces coins de rues ... votre nom, semé sur tant de pierres ! L'intention est louable, mais la plaque commémorative, quoi qu'on fasse, c'est le faire-part de l'oubli. La matière l'emporte sur l'homme et bientôt il ne reste plus que la piscine, le stade, le C.E.S, la rue, avec, parfois, tout de même, cette question : Léo Lagrange ? Qui c'était, Léo Lagrange ?*

*Je suppose que vous vous fichiez des plaques, Léo, et vous aviez raison : votre gloire est ailleurs. Je la vois dans les premiers rayons de l'été, dans les ateliers qui débrayent, les ordinateurs qu'on débranche, les valises qu'on boucle, les portes qui s'ouvrent, les trains supplémentaires, les avions qui s'envolent, le temps qui s'arrête, ces photos de Doisneau, et les cartes postales si gentiment vides de l'été : « Cher Papa, chère maman, ici tout va très bien, si vous n'avez pas mon adresse, écrivez-moi, je vous l'enverrai.* Annette. »

— Le premier problème c'étaient les bagages. La quantité. Mon père nous désignait le tas des valises, et, laconique : « Bravo, les enfants, trois fois le volume du bungalow ! On vide tout et on recommence. » Simplicité de la consigne : ne rien emporter, mais, surtout, surtout, ne rien oublier ! L'inventaire a posteriori occupait une bonne partie du voyage : « T'as pas oublié les palmes, au moins ? » « Et le thermos, François, tu y as pensé, au thermos ? » Le sujet d'engueulade annuel, c'étaient les robes des frangines. Pas tellement pour les robes, mais pour leurs jupons. Un volume incroyable, ces jupons, à peu près incompressible, mais ils étaient indispensables, paraît-il, pour le bal du 14 juillet. « Quand on danse, une robe, il faut que ça *tourne* ! » Un jour, juste avant le départ, François a pris sur lui de remplacer en douce robes et jupons par son poste à galène et un Monopoly. Résultat : la Fête Nat transformée en deuil planétaire. Ça nous a occupés pendant tout le voyage retour, le reproche de cette trahison. Il n'a jamais recommencé.

— Les voyages étaient longs, à l'époque, toutes les occasions étaient bonnes pour faire passer le temps : y compris les engueulades.

567 -RB4

9311AR78

936-BA-76

— Les engueulades et les chansons :

*AAAAlouet'teu, gentill' alouet'teu !*
*AAAAlouet'teu, je te plumerai !*

— Oui, il fallait qu'elle soit gentille, l'alouette, pour accepter de se faire plumer sur des cinq ou six cents bornes ... Et le bec ! (et le bec!), et les dents ! (et les dents!) et les pattes ! (et les pattes!), et la rate ! (et la rate!), et la queue ! (et la queue!), et les yeux ! (et les yeux!)... J'essayais toujours de me représenter quel genre de bestiole ça pouvait donner, cette emplumée majeure, et je m'offrais quelques jolies hallucinations pendant que le reste des frères et sœurs continuait de la plumer à tous vents. Mon père aussi compatissait à ce martyre ... et les reins ! (et les reins!), et le foie ! (et le foie!)... Il serrait ses mâchoires et son volant... et le cœur ! (et le cœur!), les poumons ! (les poumons!)... on sentait sa résistance décliner... et les veines ! (et les veines!), les artères ! (les artères!)... jusqu'à l'explosion finale : « Fini, l'alouette ! plus d'alouette ! je l'ai bouffée l'alouette ! excellente, les enfants, très bien plumée, je vous remercie ! »

— Suivaient quelques kilomètres de silence... avec, de temps à autre, une remarque du père sur la façon de conduire des autres pères, ou sa phrase rituelle, sur les capots ouverts en bordure de route...

— Ah, oui ! « Un coffre qu'on ferme, c'est bientôt un capot qui s'ouvre ! »

— Silence, donc : rien que le froissement des papiers-bonbons... jusqu'à ce que Victor me file un coup de coude en me tendant une " histoire carambar ", vous savez, imprimée en violet pâle sur le blanc huileux du papier gommé : « *Au cinéma, un homme dérange sa voisine au moment le plus palpitant du film. " Qu'est-ce que vous cherchez ? râle-t-elle. — J'ai perdu mon carambar. — Quoi ? Tout ce raffut pour un carambar ? — Oui, mon ratelier est resté dedans ! "* » Ouaaah ! rigolade générale, discret zig-zag de la bagnole, et en avant pour le festival carambar : « *— Ça fait longtemps, demande le psychiatre, que vous vous prenez pour une poule ? — Ça remonte à quand j'étais un tout petit poussin.* »

— Tu te rappelles, Anita ? Quand tu étais petite, tu voulais être " *raconteuse* chez Carambar ".

— Et puis, il y a eu les premiers postes auto-radio. Doisneau en avait installé un dans sa voiture. C'était formidable pour passer le temps ; Pierrette mettait la moitié du voyage à capter une station, et quand elle y arrivait, hop ! on passait la limite du fuseau et tout était à recommencer. Un jour, la tribu Doisneau réussit à intercepter une valse de Strauss, au pied des Pyrénées, (destination secrète, l'Espagne, cette année-là) ; tout joyeux d'avoir chopé autre chose que la ruche habituelle des parasites, voilà les Doisneau qui se mettent à battre la mesure en famille, (Ah ! Strauss ! Strauss ! ) :

*Ta-ta-ta-ta-tsoin,*
*Ta-tsoin,*
*ta-tsoin,*
*Ta-ta-ta-ta-tsoin,*
*Ta-tsoin,*
*ta-tsoin...*

Un kilomètre, deux kilomètres, dix, vingt, trente, et Strauss toujours, *ta-ta-ta-ta-tsoin*, Strauss for ever, *ta-tsoin, ta-tsoin*, l'enfer musical, *ta-ta-ta-ta-tsoin*, Johann Strauss ou la conception viennoise de l'éternité, *ta-tsoin, ta-tsoin*, et les Doisneau de chanter avec le poste, vaillamment, de plus en plus fort, de battre la cadence à perpète, *ta-ta-ta-ta* jusqu'à ce que, tout à coup : silence sidéral ! Plus de Strauss, plus de parasites, plus de radio, plus rien, l'écrasant silence de la montagne assise sur toute chose. C'est là qu'on découvre les vertus de l'auto-radio : un bien fou quand ça s'arrête ! La traversée des hauts silences pyrénéens, la glissade céleste vers l'Espagne... ce vol plané... l'Espagne ! C'était la toute

première fois qu'ils passaient une frontière... mystère des mystères... qu'est-ce qui les attendait de l'autre côté, là-bas, tout en bas, chez les cousins ibères ?... Quelle réception leur préparaient-ils, les couzinzibères ? ... Strauss ! Strauss qui les avait précédés de l'autre côté des Pyrénées et qui éclatait de nouveau dans la voiture, à la mesure exacte où on l'avait interrompu, *tatsoin-tatsoin*... Johann Strauss en personne, plus entraînant, plus viennois, plus éternel que jamais ! A croire qu'il avait un raccourci à lui, un souterrain privé, du piston, quelque chose... et une affection surnaturelle pour la famille Doisneau.

— Nous autres, les lymphatiques, dans le train pour Biarritz, on avait mis au point un jeu assez marrant pour tuer le temps. C'était l'époque où les wagons ne communiquaient pas encore entre eux. Des petites boîtes autistiques accrochées les unes derrière les autres et tirées par les dernières loco à vapeur, celles qui vous flanquaient des escarbilles dans l'œil. Avec un chiotte par wagon, en tout et pour tout. Le jeu consistait à condamner la porte des gogues de l'intérieur (tu maintiens le loquet vertical et tu claques : s'il retombe du côté de la gâche, c'est gagné, la porte est bouclée).

— L'intérêt de la chose ?

— Observer le travail des vessies sur la tête des voyageurs.

— Très drôle...

— En tout cas, ça nous guérissait de notre anémie, tout ce wagon qui dansait d'une patte sur l'autre ! Fallait les voir, à l'escale suivante, monter à l'assaut des autres voitures, et l'enchaînement des scandales : les contrôleurs tapant comme des forcenés sur toutes ces portes closes : « Interdit de " faire " dans les gares ! » Le train qui se vide par en dessous, puis qui repart, les familles séparées, disséminées dans les wouataires, d'un bout à l'autre du convoi, et le wagon pour nous tout seuls, les lymphatiques, secoués d'un fou rire absolument mystérieux pour ma mère qui commençait à se demander si elle n'aurait pas mieux fait de nous emmener à Barbotan. « Pourquoi Barbotan, m'man? » « Station hydrominérale, commune de Cazobon, excellent pour les maladies nerveuses, c'est dans *Science et Vie* ! »

— Et le soir, la recherche de l'hôtel ? Tout le monde a connu ça, je suppose. Des bornes et des bornes, la marmaille enfin silencieuse, complètement lessivée, tout juste quelques disputes aigres, à mi-voix, des griefs de rien du tout qui remontent du fond de la fatigue générale.

LA MERE (prudente) : Ce petit hôtel, là, Georges, non ?

LE PERE (concentré sur son ruban d'asphalte) : Non.

LA MERE : Il faudra pourtant qu'on s'arrête à un moment ou à un autre.

LE PERE : Le bon hôtel au bon moment.

Très variés, les critères du " bon hôtel ". Un mélange de données objectives (les prix seraient-ils " raisonnables ", accepterait-on le chien, et de faire dormir tous les enfants dans la même chambre ?) et d'appréciations éminemment subjectives :

LA MERE : Et celui-ci, à droite, avec sa vigne vierge ?

LE PERE : Tu as vu le taulier, sur le pas de la porte ? Il a une tête à aiguiser ses additions.

LA MERE : La vérité, c'est qu'il est toujours plus facile d'arrêter une voiture que son chauffeur.

— Et le matin, au réveil, la conclusion était toujours la même. Si l'hôtel s'était révélé une bonne auberge, tout le mérite en revenait à papa " qui avait su attendre ", mais si les plumards étaient d'affreux puciers et la bouffe un rata immonde, c'était encore papa qui l'avait prévu... « L'intuition masculine, Suzie, l'intuition masculine, on aurait dû rouler encore un peu... »

AU DOCTEUR
F. LAGRANGE
1845 – 1909
SES AMIS

*Aller au travail, en 36, se disait encore " aller au chagrin ".*

*Cette indignation, Léo, autour de votre projet de loi ! Quinze jours de congés payés dont douze jours ouvrables, vous vous rendez compte ? Toute la presse bien pensante s'y était mise, et les chansonniers ! On ironisait sur l'existence même d'un sous-secrétariat d'Etat aux Loisirs. On vous soupçonnait de vouloir " embrigader le rêve ", vous vous souvenez ? On avait taillé les crayons très pointus pour faire le compte exact de ce que vos " largesses " coûteraient au pays : paralysie générale, flambée des prix, faillite de l'Etat, de l'industrie et du commerce international. Le manifeste des Croix de Feu hurlait : « La notion du travail, de l'ordre et du courage a été abolie ! » Il se trouva même des spécialistes de la vertu sans alcool pour prédire une affreuse épidémie de saoulographie ! D'après eux, les prolos livrés à l'oisiveté plongeraient tout habillés dans le pinard. La cuite nationale ! Sans rire ! Ce qui induisait que douze mois de turbin sur douze constituait la meilleure garantie de la sobriété publique. A moi, Zola ! Jusqu'au Directeur du réseau d'Etat des Chemins de Fer qui reprochait à votre billet réduit d'être antiferroviaire !* Antiferroviaire, *Léo ! Par votre faute, cet été-là, 560 000 personnes s'offrirent un billet antiferroviaire, jetant sur les rails des centaines de trains antiferroviaires ! Convois hilares que* Je suis partout *qualifiait de " trains rouges ".*

*C'est tout de même bizarre, la politique. Ça ressemble parfois à une nouvelle de Marcel Aymé. Un jeune sous-secrétaire d'Etat aux loisirs — Léo Lagrange — mitonne une petite loi qui flanque la basse-cour sens dessus dessous ; il finit par emporter le morceau : messieurs les députés déposent leur bulletin, et qu'est-ce qui sort de l'urne ?*

*Une saison toute chaude*

*A quoi ressemblait l'été, Léo, avant que vous l'inventiez?*

Donc, cet été-là, un vol de doisneaux s'abattit sur l'Espagne. Dix-sept en tout, répartis en trois voitures — la première accompagnée par le fantôme de Johann Strauss, qui avait peut-être décidé lui aussi de s'offrir des vacances, allez savoir...

Quelqu'un (il y a prescription, inutile de chercher le coupable) avait cédé à une publicité vantant les mensurations d'une villa espagnole, du côté de Bilbao... La description de la villa, le nom même de Bilbao, l'Espagne, enfin, l'Espagne, tant de promesses... l'imprudent avait signé, envoyé des arrhes, engageant le destin de trois familles dans l'aventure, parce que le prix du rêve étant ce qu'il est, il n'avait pas fallu moins d'une demi-douzaine de salaires pour s'offrir ce palais de Schéhérazade...

Destination secrète pour les enfants, bien entendu, tout juste la promesse qu'ils allaient voir ce qu'ils allaient voir, des vacances comme jamais, un palais des mille et une nuits... de quoi occuper leur voyage à des rêves de fontaines chantant clair dans des patios d'azulejos, parmi les senteurs de l'oranger et de la bergamote... (ollé !)

Le plus fort c'est que la réalité répondait presque au rêve ! La maison était bel et bien un machin féerique remonté jusqu'à eux de la nuit des temps ! Patios, oui, fontaines d'hydromel, sans doute, senteurs d'oranger, peut-être, et de bergamote, why not ? Cela faisait rudement frais au cœur après quelque mille cinq cents kilomètres caniculaires de se retrouver tous les dix-sept, des paillettes dans les yeux et les valises à la main, debout devant ce rêve devenu réalité ! La porte était ouverte ; ils entrèrent...

Fin du rêve, début du cauchemar.

Non, non, la maison n'avait pas été louée à d'autres, comme souvent, non, elle était bel et bien libre, oui, mais ce que le loueur avait omis de préciser (l'escroc était français, rendons-lui cette justice) c'est que cette demeure ancestrale était un champ de bataille permanent, un enjeu indivis entre deux familles ennemies, Montaigu et Capulet locaux, qui se la disputaient, et qui étaient présentement occupés à la vider de son contenu... C'était un va-et-vient de formes noires et muettes dans l'ombre immense : ils emportaient tout, tables, chaises, lits, fauteuils, rideaux, couverts, ampoules, prises, douilles,

KER
LIBELLULE

absolument tout, sous l'œil éberlué des dix-sept, leurs valises à leurs pieds, perdus dans l'immensité d'un hall qui prenait peu à peu des allures d'île déserte.

Et des mines terribles avec ça, ces déménageurs de l'ombre ! Une armée d'hidalgos descendus sans rire d'un tableau de Vélasquez pour décrocher les casseroles et déboulonner les baignoires, le plus sévère d'entre eux marchant en tête, sa belle gueule de patriarche fermée à double tour sur la cuvette d'un lavabo qu'il serrait entre ses bras...

Il faut peu de temps à la haine familiale pour transformer un rêve en terrain vague. En quelques minutes, la demeure ancestrale était réduite à son squelette, vide comme l'oubli.

La chute, c'est Annette qui, bien des années plus tard, me la donna au téléphone :

— Vous imaginez la situation ? Nous étions tous là, perdus dans cette ville qu'on ne connaissait pas, dans cette langue dont nous ne parlions pas un mot. La nuit tombait, il a fallu s'organiser vite vite, foncer un peu partout pour trouver où dormir. C'est un hôtel, finalement, qui nous a hébergés. En bord de plage, un petit hôtel tout blanc, prix modiques, propriétaires très gentils, nos chambres bercées par le clapotis des vagues. Sur le moment, nous étions trop fatigués pour nous demander par quel miracle un hôtel de bord de mer pouvait, en pleine saison, accueillir dix-sept personnes d'un coup, sans la moindre difficulté... La réponse nous fut donnée le lendemain : il était vide. Encore un rêve, en somme : un hôtel entier et l'Atlantique pour nous tout seuls !

En effet......

Mais quand ils entreprirent d'aller se baigner, c'est un flic qui se dressa entre l'Atlantique et eux, un de ces carabiniers à bicorne cartonneux, mais nettement moins rigolo que celui de Guignol : baignade interdite ! La mer, en cet endroit, était une mangeuse d'hommes. Un courant retors comme une langue de caméléon vous happait le baigneur, et hop ! ni vu ni connu, dans le gros intestin des abysses : un touriste par jour à son menu depuis le début de l'été ! au point que les autorités avaient fini par envoyer ce flic monter la garde devant la bouche de l'ogre.

— Vous avez remarqué ? La plupart des récits de vacances commencent par le rappel d'une catastrophe...

— Exact : c'est l'année où Alice s'est cassé le bras en tombant d'une balançoire, le jour de son arrivée à Condom... l'année où Bernard s'est ouvert le pied sur un tesson de bouteille aux Sables d'Olonne... l'été de l'incendie à Tourette, bien avant l'ère des Canadères, quand les villageois montaient encore à l'assaut des collines pour battre les sous-bois à grands coups de couvertures...

— Ou l'été du sanglier...

— Pas mal, ça, l'été du sanglier. C'était du côté d'Uriage, quelque part vers le massif du Vercors... on y soignait encore la croissance cahotique de David... Tu te souviens, David ?

— Parfaitement : Uriage, commune de Saint-Martin d'Uriage, station thermale, excellente pour les articulations, c'était dans *Science et Vie* !

— Un matin, on décide d'abandonner maman à la station pour aller camper en bande dans le Vercors, sacs à dos, vélos, tandem, l'expédition. Sur la route, on se moquait de ceux qui cassaient tranquillement la croûte à côté de leurs voitures ou de leurs caravanes, tables soigneusement dressées, litron dégoupillé et serviette autour du cou. On ne mangeait pas de ce pain-là, nous autres ... d'authentiques maquisards sur nos bécanes, avec nos gourdes à la ceinture, le torse offert au soleil, et les chaussettes roulées sur les pataugas de l'aventure.

— Les patôgaasses...

— Le massif du Vercors, vous vous imaginez ? Tout en crêtes tranchantes et en gorges profondes... On avait une revanche à y prendre sur les nazis. S'enfon-

cer dans les bois, planter nos tentes et monter l'embuscade... pendant que les inconscients continuaient à tortorer sur le bord de la route à trois mètres de leurs précieuses bagnoles.

— Geneviève avait repéré la forêt de Loscence sur une carte d'état-major. Je ne sais pas comment s'y portent les épicéas aujourd'hui, mais ils étaient bien malades, à l'époque. Plus on s'enfonçait dans les bois, plus les arbres étaient cuits, une pourriture ocre et sèche qui nous tombait en poudre sur la tête, des troncs pulvérisés par les parasites et dont l'enchevêtrement retardait notre " progression "... Chacun le gardait pour lui, mais on commençait à trouver que ça devait avoir du bon, après tout, un petit pique-nique sur un terre-plein en bordure de route, tout près de la caravane... parce que cette poussière d'arbres morts mêlée à notre sueur de héros...

— C'est comme ça, le moral des troupes, ça va, ça vient...

— Bref, après un petit quart d'heure de " progression " (nos vélos planqués au " camp de base " sous un camouflage de branches et de fougères ), on finit par " établir notre Q.G. " dans une cuvette bordée d'arbres fossiles. Avec la lumière blafarde du jour qui baissait, ça avait tout du paysage lunaire, et autant qu'il m'en souvienne le silence était plutôt épais entre nous. Mais au maquis, comme au maquis : on déplie la tente, on rassemble du bois pour le feu (le bois mort, c'est pas ce qui manquait), on déballe les provisions, on s'installe, et Geneviève demande : « Où est passé David ? » David ? David ! Nom d'un chien : « Daaaavid ! » « Daaaaaaavid ! » Mais le voilà qui apparaît, un doigt posé sur les lèvres : « Arrêtez de gueuler comme ça, vous allez lui faire peur. » Et de nous montrer ce qu'il dorlote dans ses bras : un marcassin ! Pas effrayé pour deux ronds, le marcassin, tout fauve rayé de noir, la truffe rose et l'œil rigolard, l'insouciance de la jeunesse. Alors, tout le monde, évidemment : « Oh ! qu'il est mignon, le marcassin ! adddooorable, non ? » ... « Et son p'tit museau, et ses p'tites noreilles, et ses p'tites pattounes... » (la version *singularis porcus* d'alouette, gentille alouette), « ... et ses p'tites mirettes, qu'on dirait des boutons de bottine... où tu l'as trouvé, David ? dis, où tu l'as trouvé, ct' ammmmour ? » « Par là... » répond David.

Par là ...

Et " par là ", à une centaine de mètres au bout du doigt de David, qu'est-ce qu'on voit rappliquer, tête baissée et ventre à terre, grognant et fumant comme un buffle dans un cartoon de Tex Avery ?

— La laie.

— Gagné. La laie, la sanglière, la maman, la génitrice, la doche, appelle-ça comme tu voudras, qui venait récupérer son mouflet à toute vapeur, dans un tremblement de terre et des explosions de bois mort, un bloc de fureur maternelle, boule de muscles et de rage prête au sacrifice suprême...

— Alors, naturellement, dans ces conditions, sauve-qui-peut, hein... On voulait bien se farcir tous les nazis de la terre, mais ça, là-bas, non...

— Je crois que je n'ai jamais couru aussi vite de ma vie ; pire, je crois que je n'ai jamais aussi profondément oublié l'existence des miens (... " les miens "... avec un sanglier aux fesses... " les miens "... tu parles...), lesquels miens en faisaient tous autant, jusqu'à ce qu'on se retrouve sur une route, complètement paumés, loin du " camp de base ", nuit tombée, bécanes et " Q.G " perdus, seuls dans la montagne hostile...

— Deuxième acte : « Ce que j'ai fait, aucune bête au monde... »

— Presque. Parce qu'après deux ou trois kilomètres sur l'asphalte bleui de lune... (joli, ça, " l'asphalte bleui de lune ", non ?)

— Non.

— Bon. Après deux ou trois bornes, donc, une voix s'élève, du bas-côté de la route, une voix de fée authentique : « Eh ! ben mes bouchons, où c'est que vous allez comme ça ? » Renseignements pris, la voix appartenait à une énorme blonde qui rêvait à la lune, là, tout à côté de nous, assise parmi les myrtilles.

AMEUBLEMENT
PERRAY & FILS

ÉTALAGE

AGENCE A.COCCOZ
LE GORILLE
GS75

Elle enchaîna aussi sec : « Eh ! pépère, viens donc voir ce que j'ai trouvé ! »

— Tout ça pour dire que nous avons passé le reste de la nuit dans la plus chouette des caravanes qu'on puisse rêver : une " La Baule 400 ", salle à manger, cuisine et penderie, 650 kg, tractable par une 10 C.V. minimum, lit-divan deux places à l'avant, et banquettes-lits à l'arrière, où Sylvaine — c'était Sylvaine le nom de la fée, et Armand le nom de son homme — où Sylvaine nous a fait becqueter le cassoulet de notre vie !

— Armand et Sylvaine... on est resté en correspondance avec eux pendant des années, tu te souviens ?

*Non content d'avoir inventé une saison, savez-vous, mon cher Léo, qu'en faisant passer votre loi vous avez engendré le* récit de vacances, *notre dernière et peut-être notre unique tradition orale ? Comme si nos plus précieux souvenirs se concentraient dans ces brèves semaines d'éternité où il ne se passe rien, justement, rien que du ténu, de l'infinitésimal, de l'intime et du répétitif, rien que nous autres face à nous autres, sans la prothèse du travail ... où le moindre événement tourne en sujet d'épopée, motif lyrique que la famille enjolivera d'année en année... et où les pires emmerdements — magie des vacances — deviennent d'inépuisables sujets de rigolade.*

— Des Grands d'Espagne qui désossent la maison de Doisneau, un sanglier fou chargeant des maquisards, c'est ça que tu appelles des souvenirs " ténus ", de " l'infinitésimal "... ?

— Des petits riens enjolivés par la tradition orale, parfaitement.

— Mes meilleurs souvenirs à moi sont des souvenirs de sieste. L'heure des cigales, l'éternité dans l'éternité... On nous y forçait pourtant, nous ne faisions pas la sieste de gaieté de cœur. Mais c'était une institution " incontournable " comme on dit aujourd'hui. Elle répondait à une conviction médicale qui a disparu avec elle : ne jamais se baigner après le déjeuner, sinon, c'était l'hydrocution garantie !

— Ah ! oui, l'hyyyydre de l'hydrocution ! Tu avales un gramme de trop, tu plonges une minute avant l'heure, et tu coules à pic !

— La version liquide de l'insolation !

— Ça aussi, c'était une belle terreur, le " risque d'insolation " : « N'oubliez pas vos " bobs ", les enfants, vous risquez l'insolation ! »

— Alors, c'était la sieste obligatoire. « On ne vous demande pas de *dormir*, mais de vous *reposer*... une heure et demie de repos, c'est tout de même pas la mer à boire ! D'ailleurs qu'est-ce que vous pourriez faire sous ce soleil ? »

— On lisait. Dans mon souvenir, *Les Trois Mousquetaires* racontent moins l'histoire des ferrets de la reine que l'ombre de notre chambre, l'embrasure des volets, le rai de soleil brûlant sur les reflets du carrelage, l'odeur chaude des pins, la mouche unique qui bourdonne ... les cigales...

— Olivier qui demande toutes les cinq minutes : « Quelle heure il est ? Quelle heure il est ? »

— Toi, Anita, ce que tu adorais, surtout, c'étaient les devoirs de vacances sous le tilleul, avec grand-mère...

— Les vacances commencent avec les parents et finissent avec les grand-mères, c'est vrai. Et comme ça tire en longueur on a inventé les devoirs de vacances.

— Papa était absolument contre : « Jusqu'à preuve du contraire, les vacances sont le fruit du droit, pas du devoir ! Qu'est-ce que ça veut dire, " devoir de vacances " ? Est-ce que je bosse, pendant les vacances , moi ? »

— Il avait des formules de ce genre, oui. Il était surtout contre les dictées : « Mais qu'on leur foute la paix, bon Dieu ! Et puis, *les participes passés ne s'accordent jamais en été* ! Il y a des saisons pour ça ! »

— A tout prendre, je préférais les devoirs de vacances aux séances de cartes postales. « *Chers parents... ici tout va bien, j'espère qu'il en est de même pour vous...*

DÉGUSTATION
HUITRES 120
MOULES 120
PALOURDES

CHARCUTERIE
VINS
BIERES
LIMONADES

HOTEL AR
HOTEL
AR VRO et LA
RESTAU

COIFFURE
JACQUES DESSANGE
PARIS
HUGUETTE
ET
CLAUDE

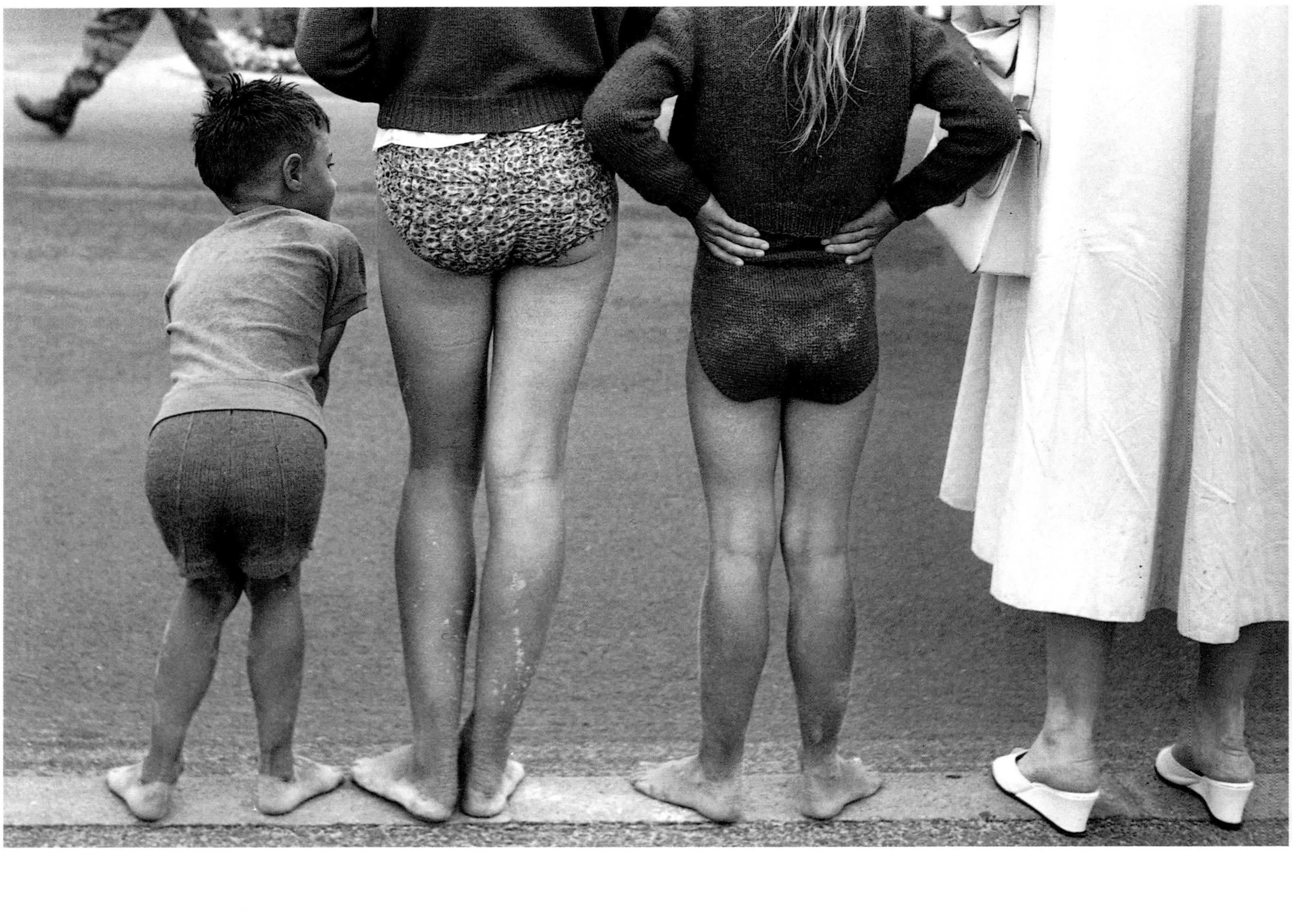

LA
TOUR ROUGE

*bons baisers, à bientôt,* Olivier. *P.S. : Je vous fais ce dessin.* »

— Lettres vides, forcément, on ne peut donner aucune nouvelle de l'éternité à ceux qui sont retournés au boulot. Ils sont de l'autre côté...

— Nous faisions tous les jours la même chose, ce qui n'empêchait pas les assemblées générales le soir, sur l'escalier de la jarre morte, pour préparer le programme du lendemain. Résultat invariable : Victor et les cousines allaient se faire bronzer à la plage, la bande des grands descendaient la rivière dans leurs canoës, et les petits restaient à barboter dans le trou d'eau de la Belle Meunière.

— Avec leurs vieux maillots de laine, hérités des aînés...

— Ah ! oui ! La dernière génération des maillots de laine ! Le maillot qui ne sèche jamais. Tu plonges ton cul dans la rivière et tu le gardes au frais jusqu'à l'été suivant ! Et quel poids !

— C'était dans l'espoir de vous noyer.

— Pendant que le grand Victor se pavanait dans les premiers " slips de bain ", les triangulaires qui vous moulaient les avantages. Avec un peigne glissé dans l'élastoque. Les cousines le regardaient comme Tarsinge l'homme Zan !

— Elles " bikinaient ", les cousines, c'était devenu des cousines deux-pièces, avec des petits volants aux balconnets, un effet terrible !

— Ça scandalisait papa de les voir sur leurs vélos « dans cette tenue ! »

— Et maman : « C'est les mœurs, Georges, l'évolution des mœursses... »

— Olivier, lui, il se foutait des mœurs. Il ne se mouillait jamais. Une seule passion au monde, la pêche ! Pendant qu'on se baignait à la Belle Meunière, il pêchait. On plongeait autour de lui, on riait, on faisait un boucan qui se répercutait entre les falaises du Loup, sur toute la longueur de la rivière, mais lui, il continuait à pêcher, imperturbable !

— Les chevesnes aussi étaient imperturbables. Pas la moindre peur de nous ; à croire qu'ils étaient apprivoisés. On pouvait presque les toucher en plongeant. Jamais aucun n'a mordu à l'hameçon d'Olivier.

— La pêche est un exercice métaphysique, les chevesnes le savaient comme moi.

— Il était mignon, avec son chapeau de paille et sa canne trois fois haute comme lui !

— Jusqu'au jour où notre copine Mireille, la fille de la poissonnière, a accroché une tête de lotte à son hameçon pendant qu'on détournait son attention. Et, tout à coup : « Ton bouchon, Olivier, ça mord ! ça mord ! »

— Et voilà comment on martyrise un gosse. Vous avez déjà vu une tête de lotte ? Une gueule énorme, des dents partout, les yeux du cauchemar. Pendant une semaine, je me suis réveillé toutes les nuits en hurlant. La Lotte jaillissait de la rivière, remontait mon fil, avalait ma canne, et je me réveillais au moment où j'allais y passer à mon tour.

— Et puis, un soir, on nous a ramené Victor de la plage, ouvert du nombril à l'épaule. Pour épater les cousines, il s'amusait à plonger du plus haut possible à travers une de ces énormes bouées que papa ramenait des chantiers EDF, une vieille chambre à air de camion géant...

— Il avait oublié d'entourer la valve de chatterton... L'été suivant, il n'avait plus besoin de la bouée pour éblouir les cousines : la cicatrice suffisait .

*Finalement, Léo, vous avez arraché l'unanimité à une assemblée qui pourtant ne vous était pas acquise. L'unanimité moins une voix.. 563 votes pour, un seul contre ! Sans qu'il encombre mes nuits, je me suis souvent demandé qui était ce type qui n'avait pas voté les congés payés. Un hobereau qui considérait la France comme son jardin personnel ? Un stakanoviste à la mode de chez nous ? Un hyper-démocrate soucieux de faire entendre son unique différence, fût-ce contre le bonheur ? Un atrabilaire redoutant le face à face familial ? Un vieil enfant qui n'a jamais aimé jouer ? Un grincheux rétif à l'humour-*

*carambar ? Un métaphysicien torturé par la confrontation de l'homme et de sa liberté ? Ou un type qui ne voulait aucun souvenir... surtout pas de souvenirs gratuits.*

Nous autres, nous aurions bien aimé les voter une seconde fois, les congés payés ... que les vacances ouvrent sur des vacances...

Mais il n'y a rien à faire contre les colchiques.

Chaque année les colchiques vous effacent l'été sans bruit, et les grand-mères restent seules, à regarder mûrir le raisin.

— L'été prochain, je ne serai peut-être plus là pour vous embrasser, mes chéris......

Attention, les enfants : quand les grand-mères commencent à vous parler de leur âge, c'est que la fin de vos vacances approche. Il va pleuvoir. Les semelles de vos espadrilles vont peser leur poids de corde trempée. L'heure n'est pas loin où vos parents utiliseront leur " dernière semaine " pour venir récupérer la marmaille. Ils sont peut-être déjà en route. Le turbin sonne son rassemblement et Paris vampirise ses provinces. Vu de très haut, cela doit faire un curieux spectacle, cette capitale qui se vide de tout son monde, puis qui vous l'aspire en longues succions d'autoroutes. Tout ce vocabulaire d'humaine tuyauterie : les vacances qui se sont " écoulées ", les départs qu'on " étale ", le " flux automobile ", les " réseaux " ferroviaires, toute cette " circulation ", plus ou moins " fluide ", l'obsession du " bouchon ", les risques " d'asphyxie "... le lexique de cette pompe à labeur...

— C'était plus long que tout, ces voyages retour. Dès qu'Olivier apercevait un pylône haute tension, au loin, il demandait : c'est la Tour Eiffel ? On est arrivé ?

— Il restait toujours un peu de sable dans la voiture, une guêpe morte, trois épis de lavande...

— Par bonheur, on avait tout de même droit à notre dernier emmerdement : le pousse-vacances, comme on parle du pousse-café. La frontière suisse, par exemple... tu te souviens, Geneviève, la frontière suisse ?

— Quel genre de maladie *Science et vie* et maman nous avaient envoyés soigner en Suisse, cet été-là ?

— Va savoir... L'important, c'est que nous étions en voiture, pour une fois.

— C'est vrai, notre première et notre dernière bagnole ! Une 302 flambant vieille, cagneuse et borgne, une machine à vapeur un rien capricieuse. Pas de problème avec la douane helvétique, ils ne tenaient pas à conserver plus longtemps cette poubelle dans leurs murs. Mais " corollairement " les gabelous français n'étaient pas chauds pour nous importer. Maman nous avait suppliés de nous tenir pénards pour une fois, de ne pas chatouiller la maréchaussée sous la jugulaire. On devait rester bien polis. Autant dire silencieux. Le fait est que nous n'avons pas moufté. Ni rigolé, ni même pouffé. Sagesse exemplaire, la raie bien droite sur le côté. Ils étaient deux, assez typiques, qui s'étaient mis à tourner doucement autour de l'auto, par cercles concentriques, un peu comme dans un musée autour d'une oeuvre énigmatique.

— Ou comme des squales qui se mettent en appétit. En fait, ils enregistraient muettement les contraventions. Pas de feux arrière, un phare avant brisé, surcharge de la galerie, pneus dépareillés, suspension décédée, excédent de passagers... ils inscrivaient ça à leur menu, avec des mines de gourmets qui commençaient à échauffer la bile maternelle. « Bon alors, c'est pour aujourd'hui ou pour demain ? »

— C'était pour aujourd'hui. Le plus âgé des deux galonnés porta un doigt réglementaire à la visière de son képi, et posa une question évasive : « A part ces quelques bricoles, ma petite dame, vous n'avez rien à déclarer ? » La bagnole débordait de gosses, croulait sous les valises et le matériel de camping ; il fallait une conscience de douanier pour imaginer qu'il y ait encore la moindre place pour le plus minuscule objet de contrebande. « Réfléchissez bien...mmmh ?... rien à déclarer ?... »

DEFENSE
d'ENTRER
sans autorisation
de Mr le Maire

Puisque l'autorité le lui demande, voilà notre mère qui se met à prendre un air réfléchi : et que je te fronce les sourcils, et que je te gratte le menton, et que je te creuse ostensiblement la cervelle, puis, faisant signe au douanier de se pencher davantage, elle lui murmure, sur le ton de l'extrême confidence :

MERE : Les gosses, derrière... vous n'avez rien remarqué ?

DOUANIER :... Nnnon...

MERE : C'est là-dedans que je planque le chocolat.

DOUANIER : Je vous demande pardon ?

MERE : Le chocolat et les montres suisses, je les cache dans les gosses. Il n'y a plus de place dans la voiture. Deux doigts dans la gorge à l'arrivée et on récupère le tout, ni vu ni connu.

— Alors là, long, long silence de la douane française. Long silence général, pour tout dire, éclairé du seul et superbe sourire de maman. Sur quoi, le douanier revient lentement à la vie : « J'ai compris, madame. Descendez, je vous prie, et veuillez me présenter les documents afférents à l'identification du véhicule. »

— Ce sont les termes exacts, gravés dans la mémoire familiale.

— Bref, ils ont fouillé le paquetage et le " véhicule " de fond en comble, allant jusqu'à sonder la roue de secours et les bambous qui servaient de mâts à nos tentes. Au moment où ils ont ouvert le capot, maman a juste prévenu : « Attention, elle a ses têtes...»

— Et quand ils l'ont refermé, le moteur n'a jamais voulu démarrer. Total, maman leur a fait cadeau de la bagnole et nous sommes rentrés en train, comme d'habitude.

— Le jeu des chiottes verrouillés de l'intérieur ?

— Plus aucun intérêt... les wagons s'étaient mis à communiquer entre eux.

— L'ère de la kommunication, déjà, oui...

— Et, pour tout dire, nous n'étions pas d'humeur à rigoler. Absolument tétanisés par l'admiration filiale.

Doisneau aussi savait susciter ce genre d'admiration. Dans les hôtels, à l'époque, il fallait remplir une fiche de police. *Venant de ? Allant à ?* Ce genre de questions... Doisneau répondait invariablement, avec son écriture sage : *Venant de Vladivostok, Allant à Ouagadougou.* Pierrette riait. Annette et Francine admiraient ces parents aventuriers qui se jouaient des pandores. Vaguement inquiètes, tout de même : « Et si les policiers s'en aperçoivent ? » Doisneau y avait pensé : « Alors, nous serons obligés d'aller à Ouagadougou... » Pierrette ajoutait, épuisée d'avance : « En passant par Vladivostok. »

Oui. Oui, oui... mais à ce stade de l'été on a beau faire l'effort de rigoler, Annette et Francine posant une dernière fois devant la mer, (est-ce Pierrette, de dos penchée sur l'appareil ?) sourire brave aux lèvres et filets de crevettes à la main, et le monsieur tellement amoureux photographiant sa belle dont l'écharpe et la robe volent sur l'horizon d'un automne tout proche, tout ce crépitement de clichés souvenirs, ces quais de gares bondés, cette marée de toits luisants, la ronde des taxis, hélas, hélas... ce ne sont plus que des photos de retour. Fin de l'éternité; bonjour le quotidien. La vie est courte, mais plus brèves encore les vacances. Rien d'autre à faire pour s'endormir qu'étreindre fort les skis de la Noël.

Injuste pour tout le monde, cette fin de vacances. Ecoutez la radio, on n'y parle que de ceux qui rentrent. Pas un mot sur grand-mère qui reste seule en son désir immense de vous revoir: « Les enfants, cette année, pas de bêtise, hein ? » Pas un mot sur moi non plus qui demeurais là pendant que vous remontiez tous à Paris, Parigôs, que vous étiez ( *Parisiengs tê' de chiengs, parigôs,*

*tê' de veaux !* ), grand ressac des " juillétistes ", chassés par la marée des " aoûtiens ", puis reflux énorme des aoûtiens... toutes ces petites amours brisées ... la nudité soudaine des galets, du fort carré d'Antibes jusqu'au port de Nice. Ah ! ces galets de septembre...

Allons, une dernière histoire... (les histoires de vacances, sont, comme les photos de Doisneau, des instantanés de l'âme)... une toute petite... allez ... pour la route...

Vous repartiez, donc, vous me laissiez sur les galets sans même attendre que la mer refroidisse ; et puisqu'elle était encore chaude, ma foi... Mais nager seul dans la Méditerranée, on n'imagine pas l'ennui ! C'est bleu, c'est beau, mais c'est d'un vide, quand on a treize ou quatorze ans ! Alors, on est contraint à l'imagination, on prend ce qui vous tombe sous la main et on s'en fait une compagnie.

En l'occurrence c'était un vieux tronc d'arbre, venu d'Afrique, sans doute, un de ces fûts imputrescibles qui faisaient les bateaux d'antan. Je grimpe sur le tronc qui roule sous mes pieds et me rejette à l'eau; je remonte à l'assaut, bien résolu à maîtriser le fauve marin, à me dresser tout debout sur son échine luisante... attention... ouais... voilààà... c'est fait... les genoux flageolent un peu, les mains moulinent encore, mais je me redresse, pas de doute, la nature est soumise, l'homme, une fois de plus, est aux commandes, admirez-le debout sur le dos de la Méditerranée, droit et seul face à la Côte désertée, dernier humain du littoral en somme, demi-dieu jailli des ondes, le soleil sur les épaules... " et toutes ces sortes de choses " comme diraient les fantômes anglais de la Promenade... Bon Dieu ce que je m'embête!... Qui dira jamais l'interminable ennui des adolescences azuréennes ?... parce qu'on a beau y mettre le meilleur de son imagination, un tronc d'arbre dans la mer, ce n'est jamais qu'un bout de bois qui flotte...

Seulement, la Méditerranée est grande magicienne, et généreuse en ses tours de passe-passe si on le désire vraiment. Je flottais sur l'ennui, donc, lorsqu'un remous suspect sous le ventre de mon arbre attira mon attention. Une forme rose et vaste remontait à moi des profondeurs de la mer. Cela grossissait à vue d'œil, prenait en montant des proportions gigantesques. Pas de harpon pour me défendre, ni de couteau... mes dents et mes mains... courage, vendons chèrement notre peau ! Et cela jaillit soudain, le torse tout entier hors de l'eau, soufflant un geyser de baleine, et sautant d'un seul coup de reins à cheval sur mon arbre.

Un gars de mon âge, à peu près. Treize ou quatorze ans. Mais deux fois mon volume. Qui reprend son souffle, et qui, levant sur moi un regard de lamantin, me demande :

— Pardon monsieur, (" pardon monsieur ", texto !) est-ce que je peux m'ennuyer avec vous ?

Oui, certaines fins d'été, si le vide est trop vide, et trop criant votre besoin de compagnie humaine, la mer Méditerranée peut faire ce genre de miracle : vous offrir une amitié qui vous tiendra la vie entière.

*P. S. : Serait-ce trop vous demander, mon cher Léo, de revenir faire un petit tour parmi nous ? Histoire de souffler dans l'oreille de nos députés. Encore deux ou trois lois comme la vôtre et ce sera tous les jours dimanche.*

# Table des illustrations

| | |
|---|---|
| *Mise en pages* | Massin |
| *Composition* | Garamond 3, Traitext |
| *Papier* | Satimat |
| *Photogravure* | Fotimprim |
| *Impression* | Aubin Imprimeur |
| *Archives* | Agence Rapho |
| *Tirages* | Publimod'Photo |
| *Reliure* | Brun |

Achevé d'imprimer en novembre 1991
sur les presses de Aubin Imprimeur, Poitiers-Ligugé
(P 39077)